認知大陸

項東 編著

崧燁文化

目　　　錄

第一部分 概況 / 001

第二部分 中國特色社會主義道路和政治體制 / 003

　　一、全國人民代表大會 / 003

　　二、全國政治協商會議 / 006

　　三、中國共產黨及其機構 / 008

　　四、國家行政部門 / 012

　　五、司法機關 / 012

　　六、民主黨派 / 014

　　七、群眾團體和民間組織 / 018

　　八、對外交往 / 020

　　九、人民軍隊 / 021

第三部分 國計民生 / 023

　　一、國民經濟 / 023

　　二、社會發展 / 028

　　三、科技進步 / 029

　　四、文化事業 / 032

　　五、衛生事業 / 037

　　六、教育事業 / 038

　　七、體育事業 / 040

第四部分 兩岸關係 / 042

　　一、對臺方針政策 / 044

　　二、兩岸關係發展 / 057

第一部分　概況

　　中國大陸陸地面積約960萬平方公里，海岸線長約1.8萬公里，海域面積473萬平方公里。珠穆朗瑪峰海拔8,844.43公尺，是世界最高峰。有四大高原，青藏高原包括西藏、青海全部及甘肅、雲南、四川等省部分地區，還有內蒙古高原、黃土高原和雲貴高原。三大平原有東北平原、華北平原、長江中下游平原。有四大盆地，塔里木盆地、準噶爾盆地、柴達木盆地、四川盆地。四大淡水湖是鄱陽湖、洞庭湖、太湖、洪澤湖。鹹水湖有青海湖、納木措、奇林湖等。河流流域面積在1,000平方公里以上的河流達1,500餘條，水力資源蘊藏量達6.8億千瓦，居世界第一位。長江是中國第一大河，全長6,300公里，為世界第三大河。黃河為第二大河，全長5,464公里。世界上開鑿最早、最長的人工運河始鑿於西元前五世紀，北起北京，南抵浙江杭州，全長1,801公里。現有耕地12,178萬公頃，不足世界人均水準的三分之一。草原面積約40,000萬公頃，占國土總面積的41.6%；森林面積19,545萬公頃，森林覆蓋率20.36%。大陸人口約有135,404萬人，有56個民族，漢族人口最多，約占人口總數的91.6%。

　　大陸共設有31個省級行政區，包括4個直轄市、

22個省、5個民族自治區。設有地級區332個（含地級市284個）；縣級區2,899個（含市轄區857個，縣級市369個，縣1,456個、自治縣117個）；鄉鎮級區40,464個（含鎮19,683個、鄉13,587個、街道辦事處7,194個）。

第二部分　中國特色社會主義道路和政治體制

　　中國共產黨緊緊依靠人民,把馬克思主義基本原理與中國實際和時代特徵結合起來,獨立自主走自己的路,歷經千辛萬苦,付出各種代價,取得革命建設改革偉大勝利,開創和發展了中國特色社會主義,從根本上改變了中國人民和中華民族的前途命運。中國大陸政治制度的基本結構,是在中國共產黨的統一領導下,實行人民代表大會制度、多黨合作和政治協商制度、民族區域自治制度,以及基層群眾自治制度。

一、全國人民代表大會

　　人民透過人民代表大會行使國家權力。中華人民共和國憲法規定,「中華人民共和國的一切權力屬於人民」。「人民行使國家權力的機關是全國人民代表大會和地方各級人民代表大會」。中華人民共和國全國人民代表大會是最高國家權力機構。它的常設機關是全國人民代表大會常務委員會。全國人民代表大會和全國人民代表大會常務委員會行使國家立法權。全國人民代表大會由省、自治區、直轄市、特別行政區

和軍隊選出的代表組成。各少數民族都有適當名額的代表。

全國人民代表大會行使下列職權：修改憲法；監督憲法的實施；制定和修改法律；審查和批准國民經濟和社會發展規劃、國家預算，以及它們執行情況的報告；決定戰爭和和平問題；選舉、決定包括全國人民代表大會常務委員會委員長、國家主席、國務院總理、中央軍事委員會主席在內的最高國家機關領導人員，並有權罷免上述人員。

北京人民大會堂

地方各級人民代表大會行使職權包括：（1）在本行政區域內，保證憲法、法律、行政法規和上級人大及其常委會決議的遵守和執行。（2）縣以上的地方各

級人大審查和批准本行政區域內的國民經濟和社會發展計劃、預算以及它們執行情況的報告。討論、決定本行政區域內的政治、經濟、教育、科學、環境和資源保護、民政、民族等工作的重要事項。（3）地方各級人大選舉本級人民政府的領導，有權罷免本級人民政府的組成人員。行使本級人民法院院長和檢察院檢察長的任免權。（4）聽取和審查本級人民政府的工作報告，撤銷本級人民政府的不適當的決定和命令。監督本級人民政府及其所屬各工作部門以及人民法院、人民檢察院的工作。（5）在不同憲法、法律、行政法規相抵觸的前提下，制定和發布本行政區域內具法律效力的地方性法規。

人民代表的產生：各族人民在定期普選（每5年選舉一次）的基礎上產生各級人民代表大會，作為人民行使國家權力的機關，並由人民代表大會組織其他國家機關，以實現人民管理國家與社會的一種政權組織形式。按居民居住情況來劃分選區，每一選區選1至3名代表。一律採取無記名投票，差額選舉的方法。臺灣省全國人大代表暫選舉代表13人，由在各省、自治區、直轄市和人民解放軍的臺灣省籍同胞中選出，其餘依法應選的名額予以保留。

二、全國政治協商會議

2013年3月11日,全國政協十二屆一次會議主席團第三次會議在北京全國政協禮堂舉行。

中國人民政治協商會議(簡稱人民政協)是中國人民愛國統一戰線組織,是中國共產黨領導的多黨合作和政治協商的重要機構,是中國政治生活中發揚社會主義民主的一種重要形式。目前,人民政協是由中國共產黨、各民主黨派、無黨派人士、人民團體、各少數民族和各界代表、香港特別行政區人士、澳門特別行政區人士、臺灣同胞和歸國僑胞的代表以及特別邀請的人士組成。人民政協的主要職能是政治協商、民主監督、參政議政。政治協商是對國家和地方的大

政方針以及政治、經濟、文化和社會生活中的重要問題進行協商。民主監督是對國家憲法、法律和法規的實施，重大方針政策的貫徹執行，國家機關及其工作人員的工作，透過建議和批評進行監督。參政議政是組織參加政協的各黨派、團體和各族各界人士，以及各種形式參與國家政治、經濟、文化和社會生活。

全國政協根據工作需要，設立若干工作機構，由常務委員會決定。目前，有9個委員會，即提案委員會、文史和學習委員會、經濟委員會、科教文衛體委員會、社會和法制委員會、民族和宗教委員會、港澳臺僑委員會和外事委員會。

省、自治區、直轄市、自治州、設區的市、縣、自治縣、不設區的市和市轄區設立地方政協，其職權有：選舉地方委員會的主席、副主席、祕書長和常務委員；聽取和審議常務委員會的工作報告；討論並通過有關的決議；參與對國家和地方事務的重要問題的討論，提出建議和批評。

政協委員的產生：由各民主黨派、各人民團體和無黨派民主人士反覆醞釀協商推舉產生，經全國或地方人民政協常務委員會過半數同意通過，由政協辦公廳（或辦公室）分別通知推薦單位和本人予以公布。政協委員任期為5年。

三、中國共產黨及其機構

　　中國共產黨是執政黨。中國共產黨成立於1921年7月1日，截至2011年底，黨員人數發展到8,260.2萬名，黨的基層組織總數為402.7萬個。

中國共產黨黨旗、黨徽

中國共產黨是中國工人階級的先鋒隊，同時是中國人民和中華民族的先鋒隊，是中國特色社會主義事業的領導核心，代表中國先進生產力和發展要求，代表中國先進文化的前進方向，代表中國最廣大人民的根本利益。黨的最高理想和最終目標是實現共產主義。

90年來，中國共產黨做了三件大事。第一件大事，中國共產黨緊緊依靠人民完成了新民主主義革命，實現了民族獨立、人民解放。中華民族發展進步從此開啟了新的歷史紀元。第二件大事，中國共產黨緊緊依靠人民完成了社會主義革命，確立了社會主義基本制度。建立起獨立的比較完整的工業體系和國民經濟體系，積累了建設的重要經驗。第三件大事，中國共產黨緊緊依靠人民進行了改革開放新的偉大革命，開創、堅持、發展了中國特色社會主義。推動社會主義現代化建設取得舉世矚目的偉大成就。

中國共產黨領導人民發展社會主義市場經濟。毫不動搖地鞏固和發展公有制經濟，毫不動搖地鼓勵、支持、引導非公有經濟發展。發揮市場在資源配置中的基礎性作用，建立完善的宏觀調控體系。統籌城鄉發展、區域發展、經濟社會發展、人與自然和諧發展、中國國內發展和對外開放，調整經濟結構，轉變經濟發展方式。促進工業化、資訊化、城鎮化、農業

現代化同步發展，建設社會主義新農村，走中國特色新型工業化道路，建設創新型國家。把生態文明建設放在突出地位，融入經濟建設、政治建設、文化建設、社會建設各方面和全過程，努力建設美麗中國，實現中華民族永續發展，到2020年實現全面建成小康社會宏偉目標。

中國共產黨對國家政權領導是基本原則，這是在長期革命鬥爭、社會主義建設和改革的實踐中形成的。在實現黨的領導制度化和法治化的同時，全面推進國家制度建設，提升國家制度的權威和相對獨立性，使國家制度真正成為保障黨執政的有效的制度體系。黨政關係必須在憲法和法律範圍內活動，強化憲法和法律在國家治理和黨的領導中的地位和作用，全面加強黨政關係的法律基礎，從而使黨政關係獲得充分的法律保障。

中國共產黨的最高領導機關，是黨的全國代表大會和它所產生的中央委員會。黨的地方各級領導機關，是黨的地方各級代表大會和它們所產生的委員會。黨的各級委員會向同級的代表大會負責。每5年舉行一次代表大會。在全國代表大會閉會期間，中央委員會執行全國代表大會的決議，領導黨的全部工作。中國共產黨第十八屆中央委員會委員205名，中央政治局委員25名，中央政治局常務委員會委員7名，總書記1名，書記處書記7名。

中央紀律檢查委員會由中國共產黨全國代表大會選舉產生（每屆任期5年），是中國共產黨最高紀律檢查機關，在中央委員會領導下進行工作。主要任務是：維護黨的章程和其他黨內法規，協助黨的委員會加強黨風建設，檢查黨的路線方針政策和決議的執行情況；對黨員進行遵守紀律的教育，作出關於維護黨紀的決定；檢查和處理黨的組織和黨員違反黨章和其他黨內法規比較重要或複雜的案件，決定或取消對這些案件中黨員的處分；受理黨員的控告和申訴等。根據工作需要，它可向中央一級黨和國家機關派駐黨的紀律檢查組或紀律檢查員。中國共產黨第十八屆中央紀律檢查委員會選舉書記、副書記9名，常務委員會委員19名。

2007年11月至2012年6月，全國紀檢監察機關共立案643,759件，結案639,068件，給予黨紀政紀處分668,429人。涉嫌犯罪被移送司法機關處理24,584人。共查辦商業賄賂案件81,391件，涉案金額222.03億元。

中國共產黨的主要機構包括：負責組織和幹部工作的中央組織部、負責宣傳工作的中央宣傳部、負責聯繫各民主黨派和無黨派人士展開多方合作和政治協商的中央統戰部、負責與世界各國政黨交往聯繫的中央聯絡部、負責對臺工作的中央臺灣工作辦公室等。

四、國家行政部門

國務院組成部門是：外交部、國防部、國家發展和改革委員會、教育部、科學技術部、工業和信息化部、國家民族事務委員會、公安部、安全部、監察部、民政部、司法部、財政部、人力資源和社會保障部、國土資源部、環境保護部、住房和城鄉建設部、交通運輸部、水利部、農業部、商務部、文化部、國家衛生和計劃生育委員會、中國人民銀行、審計署。

五、司法機關

1.最高人民法院和各級法院

最高人民法院是中華人民共和國最高審判機關，負責審理各類案件，制定司法解釋，監督地方各級人民法院和專門人民法院的審判工作，並依照法律確定職責範圍，管理全國法院的司法行政工作。地方各級人民法院包括高級人民法院、中級人民法院、基層人民法院，專門人民法院包括海事法院和軍事法院。上級人民法院監督下級人民法院的工作。根據統計，中國大陸共有24個高級法院，251個中級法院和1,433個基層法院建立了審務監察機構。共有法官19萬餘人，法院人民陪審員8.5萬人，專職督察員3,500餘人，兼職督察員6,800餘人。

2008年至2012年,最高人民法院受理案件50,773件,審結49,863件,審結內結案率為98%。地方各級法院受理案件5,610.5萬件,審、執結案5,525.9萬件,審限內結案98%,結案標的額8.17萬億元人民幣。

2.最高人民檢察院和各級檢察院

最高人民檢察院是國家法律監督機關,主要任務是領導地方各級人民檢察院和專門人民檢察院依法履行法律監督職能,保證國家法律的統一和正確實施。其主要職責是:依法對貪汙案、賄賂案、侵犯公民民主權利案、瀆職案以及認為需要自己依法直接受理的其他刑事案件進行偵查,對於刑事案件提起公訴、支持公訴。對公安機關偵查重大案件進行審查,決定是否批捕、起訴或者免於起訴。對各級人民法院已經發生法律效力、確有錯誤的判決和裁定,依法向最高人民法院提起抗訴。對地方各級人民檢察院和專門人民檢察院在行使檢察權作出的決定進行審查,糾正錯誤決定。對於公安機關、人民法院和監獄、看守所、勞動改造機關的活動是否合法,實行監督。受理公民控告、申訴和檢舉等。最高人民檢察院還享有司法解釋權、提出議案權、法律案提出權、法律解釋要求權、法律審查要求權、引渡請求審查權、限制追訴的承諾權。地方人民檢察院主要職權有:審查批准逮捕、決定起訴並出席法庭支持公訴。對刑事訴訟的法律監督權。對民事審判和行政訴訟的法律監督權。法

律賦予檢察機關的其他職權。

檢察機關2008年至2012年共立案偵查各類犯罪案件165,787件218,639人，其中縣處級以上國家工作人員13,173人（含廳局級950人、省部級以上30人）。對19,003名行賄人依法追究刑事責任。嚴肅查處執法司法不公背後的職務犯罪，立案偵查行政執法人員36,900人、司法工作人員12,894人。會同有關部門追繳贓款贓物553億元，抓獲在逃職務犯罪嫌疑人6,220人。

六、民主黨派

大陸實行多黨派合作，在國家採取重大措施或者決定關係國計民生的重大問題時，作為執政黨的中國共產黨都事先與各黨派和無黨派人士進行協商，反覆徵求意見，然後再形成決策。各民主黨派在政治上擁護中國共產黨的領導，同時享有憲法規定範圍內的政治自由、組織獨立和法律地位平等。中國共產黨與各民主黨派合作的基本方針是「長期共存、互相監督、肝膽相照、榮辱與共」。

　　位於北京東皇城根的中國國民黨革命委員會中央委員會

　　八大民主黨派：（1）中國國民黨革命委員會（簡稱民革），於1948年1月1日在香港成立。民革的發展對象是與原中國國民黨有關係的人士，與民革有歷史和社會聯繫的人士，與臺灣各界有聯繫的人士。截至2012年6月，民革共有30個省級委員會、267個市級委員會、52個縣級委員會，共有黨員10.19萬人。

　　（2）中國民主同盟（簡稱民盟），於1941年3月19日在重慶祕密成立。民盟發展成員以大中城市為主，以從事文化教育以及科學技術工作的高、中級知識分子為主。截至2012年11月，民盟在30個省、自治區、直轄市建立了組織，有盟員23萬人。

　　（3）中國民主建國會（簡稱民建），於1945年

12月16日在重慶成立，成員主要是愛國的民族工商業者和有聯繫的知識分子。截至2011年底，民建在30個省、自治區、直轄市建立了組織，有成員13.6萬人。

（4）中國民主促進會（簡稱民進），於1945年12月30日在上海成立。民進以從事教育、文化、出版以及科技等其他工作的知識分子為主要發展對象。截至2011年底，民進在29個省、自治區、直轄市建立了組織，有會員12.8萬人。

（5）中國農工民主黨（簡稱農工黨），於1930年8月在上海成立。農工黨的發展對象主要以醫藥衛生界以及科技、教育等界別的知識分子為主。目前在30個省、自治區、直轄市建立了組織，有黨員10.87萬人。

（6）中國致公黨（簡稱致公黨），於1925年10月在美國舊金山成立。致公黨以歸僑、僑眷中的中上層人士和其他有海外關係的代表性人士，以及其他方面有代表性的中高級知識分子為主要發展對象。目前在19個省、市建立了組織，有黨員3.17萬人。

（7）九三學社，於1946年5月4日在重慶成立。九三學社以從事科學技術工作以及高等教育、醫藥衛生等方面的中高級知識分子為主要發展對象。截至2010年底，九三學社有30個省級組織，285個省轄市級組織，29個縣級市組織，全國社員總數已達12.5萬人。

（8）臺灣民主自治同盟（簡稱臺盟），於1947年11月12日在香港成立。臺盟成員為居住在大陸的臺灣省籍人士。目前在16個省、直轄市建立了組織，現有成員0.24萬人。

位於北京景山東街的臺灣民主自治同盟中央委員會

七、群眾團體和民間組織

目前,大陸各類民間組織已發展到46.2萬個,其中社會團體25.5萬個,民辦非企業組織20.4萬個,基金會總數達2,735家,其中各類公募基金會1,258家。社會團體依據憲法和法律獨立自主地展開活動。這些社團的分支機構遍布城鄉,參與國家和地方的政治生活,協調社會公共事務,維護群眾合法權益,發揮著巨大的作用。

(1)中華全國工商業聯合會(簡稱全國工商聯)。全國工商聯於1953年成立,由工商界組成,是全國政協的組成單位,又是一個商會組織,其基本任務是引導非公有制經濟人士健康成長,促進非公有制經濟健康發展。截至2012年6月底,全國工商聯合會員總數達294.2萬個,縣級(含縣級)以上組織3,353個,基層商會組織45,032個,行業組織16,349個。

(2)中華全國總工會。各級工會的主要職責是維護工會會員的合法權益。截至2010年9月,全國工會會員達到2.39億人,企業職工入會率達到90%以上。已建工會組織的企業80%以上建立工資集體協商制度。

（3）中國共產主義青年團（簡稱共青團）。共青團是中國共產黨領導的先進青年的群眾組織，是共產黨的助手和後備軍。截至2008年底，有共青團團員7,858.8萬名，基層團組織283.6萬個。

（4）中華全國婦女聯合會（簡稱全國婦聯）。婦聯的宗旨是代表和維護婦女權益，促進男女平等。2012年底全國女性總數66,009萬人，占全國總人口48.7%。

（5）中華全國臺灣同胞聯誼會（簡稱全國臺聯）。全國臺聯成立於1981年12月，是居住在大陸臺灣省籍人士組成的群眾團體。其主要職能是關心和協助居住大陸的臺灣同胞返鄉探親、訪友、旅遊、定居和進行經濟、科技、文化、學術、體育等交流，同時也協助在臺灣的鄉親赴大陸探親訪友經商交流。目前，除西藏自治區以外的30個省、自治區、直轄市相繼建立了地方臺聯。

中華全國臺灣同胞聯誼會徽標

八、對外交往

　　中國是聯合國常任理事國。截至2012年12月31日，中國與172個國家建立正式外交關係。

　　中國奉行獨立自主的外交政策，堅持走和平發展道路，堅持互利共贏的對外開放戰略，維護國家主權、安全、發展利益，既透過爭取和平的國際環境來發展自己，又透過自身的發展促進和平。在互相尊重領土主權，互不侵犯，互不干涉內政，平等互惠，和平共處的五項原則基礎上發展與世界各國的友好合作關係。堅持以鄰為善、以鄰為伴的方針，加強與週邊

國家的睦鄰友好和務實合作，維護地區和平穩定，促進共同發展繁榮。積極參與多邊外交，承擔相應國際義務，維護和加強聯合國及安理會的權威和主導作用，努力在國際事務中發揮建設性作用，推動國際秩序朝著更加公正合理的方向發展。增進同廣大發展中國家的傳統友好合作關係，進一步落實和擴大合作成果，推進合作方式創新和機制建設。進一步發展與發達國家的關係，努力尋求和擴大共同利益匯合點，妥善處理分歧，增進相互信任，提高合作水準。積極參加國際合作，維護中國海外公民和企業正當權益。加強公共外交，廣泛展開民間友好交往，推動人文交流，增進中國人民與各國人民相互瞭解和友誼，努力營造一個和平的國際環境和良好的週邊環境。

九、人民軍隊

中國奉行防禦性的國防政策，營造有利於國家和平發展的安全環境。國防是國家生存與發展的安全保障，是維護國家安全統一，確保實現全面建設小康社會目標的重要保障。建立強大鞏固的國防是中國現代化建設的戰略任務。新時期國防的目標和任務是推進國防和軍隊現代化，維護國家主權、安全、利益，維護社會和諧穩定，維護世界和平穩定。

中華人民共和國武裝力量由中國人民解放軍、中

國人民武裝員警部隊、民兵組成,由中央軍事委員會領導並統一指揮。

中國人民解放軍是武裝力量的主體,目前的總員額保持在230萬以內。2012年國防費預算為6,702.74億元人民幣。

人民武裝員警部隊擔負著維護國家安全和社會穩定、保衛國家重要目標、保衛人民生命財產安全的任務,戰時協助人民解放軍進行防衛作戰。

民兵是不脫離生產的群眾武裝組織。平時擔負戰備執勤、搶險救災和維護社會秩序等任務,戰時擔負配合常備軍作戰、獨立作戰、為常備軍作戰提供戰鬥勤務保障以及補充兵員等任務。

第三部分　國計民生

一、國民經濟

　　1.經濟模式由四大支柱組成：（1）國家對土地的控制權和民間的有限土地使用權。國家對土地的控制權就是土地國有，農村耕地集體所有，但集體所有的耕地受國家控制，不能隨意轉換為非農用地。私人和企業可以購買一定年限的土地使用權。（2）國有經濟控制國民經濟命脈。金融業主要是國有的，至少是國家控股的。國家透過各種大型金融機構調控金融市場，防範內外金融風險。國家還擁有少量從事經濟基礎設施建設和生產資料開發的大型企業，如石油、鐵路、電力、通訊、道路、航空、自來水等。此外，還有國有的「事業單位」，主要指教育、科學研究、醫療、體育、文化等機構。（3）企業為數最多的是民營和集體企業，這類中小工商企業占工商局註冊企業的99%以上。（4）商品市場的主要供應者是中小企業，所以商品生產競爭激烈。高度競爭的商品市場也在刺激資本市場快速發育。

　　2.國民經濟狀況。2012年中國大陸國內生產總值達到519,322億元，躍升到世界第二位。財政收入

117,209.75億元，比上年增長12.8%。稅收完成110,740億元，比上年增長11.2%。全社會固定資產投資374,676億元，比上年增長20.3%。社會消費品零售總額210,307億元，比上年增長14.3%，扣除價格因素，實際增長12.1%。大陸交易夥伴有231個國家和地區，2012年進出口總值38,667.6億美元，比上年增長6.2%。其中出口20,489.3億美元，增長7.9%；進口18,178.3億美元，增長4.3%；進出口貿易順差2,311億美元，進出口額位居世界第二位。外匯儲備餘額33,116億美元，比上年增加1,304億美元，居世界第一位。對外金融淨資產1.7911萬億美元。近五年累計實際利用外商投資5,528億美元，全球500強企業中已有470家在大陸落戶，跨國公司在華的各類研發中心超過1,200家。大陸非金融類對全球141個國家和地區的4,425家境外企業進行直接投資，從2007年的248億美元上升到2012年的772.2億美元，年均增長28.6%。2012年對外承包工程業務完成營業額1,166億美元，比上年增長12.7%；對外勞務合作派出各類勞務人員51.2萬人。

　　（1）農業。截至2012年底，大陸耕地面積約18.2億畝，用世界7.9%的耕地和6.5%的淡水資源養活著占世界近20%的人口。大陸鄉村人口64,222萬人，占人口總數的47%。中央財政用於「三農」（農村、農業、農民）的支出5年累計4.47萬億元，年均增長23.5%。涉農貸款餘額從2007年末的6.12萬億元增加

到2012年末的17.63萬億元。2012年糧食總產量達到58,957萬噸，比上年增產3.2%，糧食連續9年增產。2012年用於種糧直補、良種補貼、農資綜合補貼和農機具購置補貼總規模達1,923億元，比上年增加了180億元。2012年水利建設投資首次突破4,000億元，完成大中型和中小型水庫除險加固1.8萬座，治理重點中小河流2.45萬公里，新增有效灌溉面積172萬公頃。五年來，新建改建農村公路146.5萬公里，改造農村危房1,033萬戶，解決了3億多農村人口的飲水安全和無電區445萬人用電問題。截至2012年12月底，土地流轉面積約2.7億畝，占家庭承包耕地面積的21.5%，經營面積在100畝以上的專業大戶、家庭農場超過270多萬戶。透過土地流轉，實現了集中連片種植和集約化、規模化經營，節約了生產成本，促進了農業發展和農民增收。依法註冊登記的農民專業合作社達55萬戶，已經涵蓋91.2%的行政村，實有入社成員4,300多萬，涵蓋17.2%的農戶。農業龍頭企業近11萬家，年銷售收入突破5.7萬億元。各類休閒農業園區超過3.3萬家，全年接待遊客超過8億人次，從業人員超過2,800萬。農村居民人均純收入7,917元，比上年名義增長13.5%。

長江三峽大壩具有防洪、灌溉、發電的功能

（2）工業。2012年全部工業增加值199,860億元，比上年增長7.9%。指定規模以上工業企業實現利潤55,578億元，比上年增長5.3%。國有及國有控股企業實現營業總收入423,769.6億元，比上年增長11%；實現利潤總額21,959.6億元。截至2012年9月，登記註冊私營企業達1,059.8萬家，比上年增長12.6%。民營經濟在GDP中的比重已經超過60%。2012年原煤產量36.5億噸，比上年增長3.8%。原油產量2.07億噸，比上年增長2.3%。鋼材產量95,317.6萬噸，比上年增長7.6%。汽車生產1,927.18萬輛，比上年增長4.6%；銷售汽車1,930.64萬輛，產銷量世界第一。民用汽車保有量達到12,089萬輛，城鎮居民每百戶擁有汽車21.5輛。發電量49,377.7億千瓦小時，增長4.8%。6家核電廠，占總發電量的1.85%。太陽能發電達到700萬千

瓦。風力發電達到5,258萬千瓦，水力發電達到2.49億千瓦，均位居世界第一。

（3）交通、郵電和旅遊。五年來，新建機場31個，新增萬噸級港口泊位602個。2012年貨物運輸總量412億噸，比上年增長11.5%；旅客運輸總量379億人次，比上年增長7.6%。指定規模以上港口完成貨物輸送量97.4億噸，比上年增長6.8%，其中外貿貨物輸送量30.1億噸，增長8.8%。指定規模以上港口集裝箱輸送量17,651萬標準箱，增長8.1%。新增鐵路里程1.97萬公里，其中高速鐵路8,951公里，鐵路旅客發送量完成18.93億人。鐵路營業里程達到9.8萬公里，居世界第一。新增公路60.9萬公里，其中高速公路4.2萬公里。高速公路總里程9.56萬公里。2012年完成郵電業務總量15,022億元，比上年增長13%，其中郵政業務總量2,037億元，增長26.7%；完成郵政函件業務70.74億件，包裹業務0.69億件，快遞業務量56.85億件。電信業務總量12,985億元，比上年增長11.1%。固定電話使用者27,815萬戶，行動電話使用者達到111,216萬戶，網路使用者規模達到5.64億。2012年旅遊人數29.6億人次，比上年增長12.1%。大陸旅遊收入22,706億元，比上年增長17.6%。

高速鐵路成為民眾歡迎的重要交通工具

二、社會發展

　　大陸不僅取得了經濟快速增長，還促進了就業的穩定增加，城鄉居民收入快速增長，社會保障工作顯著加強，保障房建設進度加快。5年來，用於民生的支出累計16.89億元。新開工各類保障性住房1,800多萬套，老舊市區改造住房1,200多萬套。2012年保障性安居工程財政支出3,800.43億元，比上年增長13.7%；基本建成保障性住房601萬套，開工建設781萬套。支持改造農村危房560萬戶，支援實施遊牧民定居工程12.7萬戶。城鎮和農村人均住房面積分別為32.9平方公

尺、37.1平方公尺。五年累計完成造林2,953萬公頃，治理沙漠化、石漠化土地1,196萬公頃，綜合治理水土流失面積24.6萬平方公里，整治國土面積18萬平方公里。

五年來，轉移農村人口8,463萬人，城鎮人口71,182萬人，城鎮化率提高到52%。農民工總量達到2.6億人。城鎮新增就業達3,630萬人，登記失業率4.1%。2012年底參加城鎮基本醫療保險的人數53,589萬人，參加失業保險的人數15,225萬人，2142.5萬人納入城市居民最低生活保障，5,340.9萬人納入農村居民最低生活保障，545.9萬人納入農村五保供養。人均收入低於2,300元的農村扶貧對象為12,238萬人，農村扶貧對象減少了2,339萬人。2012年城鎮居民平均可支配收入26,959元，比上年名義增長12.6%；農村居民人均純收7,917元，扣除物價上漲因素，實際比上年增長10.7%。農村居民人均純收入實際增加是1985年以來最高，連續4年快於城鎮居民。各地普遍較大幅度調高最低工資標準；連續8年提高企業退休人員基本養老金。城鄉各項醫療保險參保超過13億人，各類養老參保達到7.9億人。

三、科技進步

中央財政用於科技的投入五年累計8,729億元，年

均增長超過18%。2012年全年科學技術支出2,291.5億元,全社會研究與試驗發展經費支出10,240億元,比上年增長17.9%。全社會研究與試驗發展經費支出占中國國內生產總值的比例由2007年的1.4%提高到2012年的1.97%,企業研發活動支出占比超過74%。大陸農業科技在超級稻、抗蟲棉、禽流感疫苗等方面居世界領先地位,還開發應用了一批精密製造、綠色能源、智慧交通、資訊安全等產業關鍵共通性技術,攻克了一批對控制城市環境污染、資源勘探開發、減災防災、生態保護等有重要作用的關鍵技術,在微電子材料技術、光電子材料技術、功能陶瓷、奈米材料、生物醫用材料等先端技術領域取得了多項原創性成果。2006年以來,「長征」運載火箭共完成67次發射任務,把79艘太空船成功送入預定軌道。2012年成功發射衛星19次。天宮一號目標飛行器和神舟九號飛船成功發射並實現空中會合對接。北斗二號衛星導航系統完成區域組網並正式提供運行服務。載人深潛器「蛟龍」號成功完成7,000多公尺海底試驗。突破一些關鍵核心技術,填補了多項重大產品和裝備的空白。2012年受理境內外專利申請達到205.1萬件,其中境內申請188.6萬件,占91.9%。全年共簽訂技術合約28.2萬項,技術合約成效額6,437.1億元,比上年增長35.1%。授權發明專利21.71萬件,同比增長26.1%。

神舟六號載人飛船發射成功

載人深潛器「蛟龍」號

四、文化事業

　　文化事業出現了從未有過的繁榮景象，新聞影視事業蓬勃發展，文化創意產業日新月異，人們的精神生活豐富多彩。大陸重視中化民族文化的傳承與發揚光大，對京劇、昆曲等一批文化藝術採取政策性保護措施。聯合國自2008年開始命名四批世界非物質文化遺產，其中中國涉及29項，目前是世界上擁有世界非物質文化遺產最多的國家。被評為國家級非物質文化遺產共1,028項。大陸已知不可移動文物40萬處，已公布的國家重點文物保護單位有2,351處，省級文物保護單位有7,000多處，市縣級文物保護單位6萬餘處。

　　2012年，中央財政用於文化體育與傳媒支出494.68億元，文化產業總產值突破4萬億元。截至目前，文化系統共有藝術表演團體2,089個，博物館2,838個，公共圖書館2,975個，文化館3,286個。廣播電台197座，電視台213座，廣播電視台2,153座，教育電視台44座，廣播電視綜合人口涵蓋率98.2%。2012年生產故事影片745部，科教、紀錄、動畫和特種影片148部，電影市場總票房達168億元，國產電影票房達80億元。出版各類報紙467億份，各類期刊34億冊，圖書81億冊。已組建120多家新聞出版企業集團，48家涉及新聞出版業務的企業集團上市。

茅山道教老子像

江蘇無錫靈山大佛

北京王府井天主教堂

臺灣信徒參加湄洲媽祖祭祀

　　大陸多種宗教並存，信眾超過1億人，五大宗教有佛教、道教、伊斯蘭教、天主教、基督教（新教）。

現在宗教活動場所近13.9萬處，教職人員約36萬人，宗教團體5,500多個，宗教院校100餘所。

五、衛生事業

　　大陸衛生事業有很大發展。衛生服務體系逐步建立，醫學教育和醫學科研迅速發展，中醫藥事業得到繼承和發揚，初級衛生保健工作不斷推進，防病治病工作取得顯著成績，愛國衛生運動深入展開，衛生法制建設進一步加強，國民健康指標不斷提高。衛生國際交流與合作增加。國家醫療衛生機構總計達到943,321個，其中醫院23,005個，鄉鎮衛生院37,128個，社區衛生服務中心（站）33,646個，診所（衛生所、醫務室）179,644個，村衛生室663,355個，疾病預防控制中心3,506個，衛生監督所（中心）3,037個。衛生技術人員650萬人，醫師252萬人，註冊護士242萬人。13億城鄉居民參加基本醫療保險，全民醫保體系初步形成。2012年中央財政用於醫療衛生支出2,048.2億元。救助農村醫療困難群眾1,558.1萬人次，資助4,544.3萬農村困難群眾參加新型農村合作醫療。2,566個縣（市、區）展開了新型農村合作醫療工作，參加合作醫療率達到98.1%。資助1,276.5萬城鎮困難群眾參加城鎮醫療保險，救助城市醫療困難群眾711.4萬人次。

新型農村合作醫療解決了農民看病問題

六、教育事業

　　經過25年堅持不懈的努力，全面實現9年制免費義務教育。截至2009年9月，城鄉免費義務教育階段1.6億多名學生的學雜費全部免除。國家制定了多種法律，從不同角度保障人人受教育的權利，其中特別強調少數民族、兒童、婦女和殘疾人接受教育的權利。國家財政性教育經費支出5年累計7.79萬億元，年均增長21.58%，2012年占中國國內生產總值比例達到4%。中央預算內投資用於教育的比重達到7%左右。安排農村義務教育保障資金840億元，免去3,000多萬

名農村寄宿制學生住宿費,其中1,228萬名中西部家庭經濟困難學生享受生活補助。國家對普通高校獎、助學金資助金額732億元。

臺灣企業家王永慶先生捐建的山東省沂南縣湖頭鎮明德小學

2012年普通高等教育本專科招生688.8萬人,在校生2391.3萬人,畢業生624.7萬人。研究生招收59萬人,在校研究生172萬人,畢業生48.6萬人。同期出國留學人員總數為39.96萬人,其中國家公派1.35萬人、單位公派1.16萬人、自費留學37.45萬人。各類留學回國人員2012年為27.29萬人,總數為54萬人。2012年在大陸留學生總數達32.8萬人。目前,大陸在105個國家和地區開設了358個孔子學院,有500個孔子課堂,不少國家已把漢語納入國民教育。

七、體育事業

　　1995年首部《體育法》頒布，同年國務院頒布《全民健身計劃綱要》。全民健身活動蓬勃展開，有各類體育場地85萬多個，有60%以上城市居民到各類體育俱樂部參加健身活動，體育事業取得新成績。2008年北京奧運會參賽國家及地區204個，有6萬多名運動員、教練員和官員參加。奧運會設302項（28種）比賽項目，產生302枚金牌，其中大陸體育健將獲得51枚金牌，居金牌榜首。2010年，大陸體育健將在22個項目中共獲得108個世界冠軍，運動員在乒乓球、羽毛球、跳水等傳統項目上一次次刷新金牌紀錄。第十六屆亞洲運動會於2010年在廣州舉行，大陸運動健將共獲得199枚金牌、119枚銀牌、88枚銅牌，獎牌總數391枚。大陸在世界殘疾人運動會上也獲得優異成績。2012年在倫敦奧運會上，大陸體育健將共獲38枚金牌、27枚銀牌、23枚銅牌，獎牌總數88枚，位居金牌和獎牌第二。

第29屆奧林匹克運動會，大陸體育健將獲獎。

2008年8月8日，北京奧運會上臺灣代表團入場時獲得全場觀眾熱烈歡迎。

第四部分　兩岸關係

　　臺灣海峽兩岸是密不可分的，兩岸同屬一個中國，兩岸同胞同屬中華民族，是血脈相連的命運共同體。臺灣早期居民，大部分是從中國大陸直接或間接移居臺灣的。有文字記載的臺灣歷史可追溯到西元230年三國時代，吳王派1萬多名官兵到達「夷洲（臺灣）」。此後，宋、元、明、清朝都對臺灣進行有效管轄。17世紀後，臺灣先後遭受荷蘭、西班牙殖民者入侵。1662年民族英雄鄭成功率軍將荷蘭殖民者驅出臺灣。1895年清政府在甲午海戰失敗後被迫將臺灣割讓給日本。1945年日本在第二次世界大戰中戰敗，無條件投降，依據《開羅宣言》、《波茨坦公告》，1945年10月，中國政府接收臺灣，臺灣不僅在法律上而且在事實上已經歸回中國。

1945年10月25日,中國政府接受日本投降儀式在臺北公會堂舉行,臺灣回到祖國懷抱。

　　臺灣問題的出現,是國民黨發動內戰的結果,其本質是中國的內政問題。臺灣問題之所以長期存在且迄今尚未解決的一個重要因素,是美國等西方勢力插

手臺灣問題，干涉中國內政，阻礙中國統一。雖然臺灣問題尚未最終解決，海峽兩岸還未統一，但世界上只有一個中國，臺灣是中國的一部分，中國的領土和主權完整沒有分割，這一事實並未改變。

一、對臺方針政策

自1949年臺灣問題形成以來，中國共產黨始終把解決臺灣問題完成統一大業作為自己的神聖職責，進行了長期不懈努力。1950年代至1970年代間，大陸方面根據內、外形勢發展，先後提出「解放臺灣」、「和平解放」、「和平解決」的方案。蔣介石領導的臺灣當局則是要「反攻大陸」。兩岸關係長期處於軍事對峙狀態。1978年12月，中國共產黨召開十一屆三中全會，以鄧小平為核心的中共第二代領導集體根據中國內外形勢的變化，作出了把黨和國家工作中心轉移到經濟建設上來，實行改革開放的歷史性決策，大陸的建設發展進入歷史新階段，解決臺灣問題的努力也進入了和平統一新時期。

1979年1月1日，全國人大常委會發布《告臺灣同胞書》，宣示了和平統一的對臺大政方針。

1979年元旦，全國人大常委會發表《告臺灣同胞書》，鄭重宣示了爭取和平統一的大政方針，揭開了兩岸關係發展的歷史新篇章。其要點有：（1）強調實現中國的統一，是人心所向，大勢所趨；一定要考慮現實情況，完成統一的大業，在解決統一問題時尊重臺灣的現狀和臺灣各界人士的意見，採取合情合理的政策和辦法，不使臺灣人民蒙受損失。（2）提出我們寄希望於臺灣人民，也寄希望於臺灣當局，並肯定「臺灣當局一貫堅持一個中國的立場，反對臺灣獨立，這就是我們共同的立場，合作的基礎」。（3）倡議透過商談結束臺灣海峽軍事對峙狀態，撤除阻隔兩

岸同胞交往的藩籬。（4）倡議推動自由往來，實現通航、通郵、通商，展開經濟文化交流（後來被概括為「三通」）。

1981年9月30日，全國人大常委會委員長葉劍英發表談話，進一步闡明關於臺灣和大陸和平統一九條方針政策。其要點是：（1）舉行中國共產黨和中國國民黨兩黨對等談判，實行第三次國共合作。（2）兩岸應「通郵、通商、通航，開放探親、旅遊以及開展學術、文化、體育交流」。（3）國家統一後「臺灣可作為特別行政區，享有高度的自治權，並可保留軍隊」，「臺灣現行社會、經濟制度不變，生活方式不變，與外國的經濟、文化關係不變，私人財產、房屋、土地、企業所有權、合法繼承權和外國投資不受侵犯」。「臺灣當局和各界代表人士，可擔任全國性政治機構的領導職務，參與國家管理」。鄧小平後來說，九條方針實際上就是「一個國家，兩種制度」。1982年12月，五屆人大五次會議通過《中華人民共和國憲法》，其中第31條規定：「國家在必要時得設立特別行政區。在特別行政區內實行的制度按照具體情況由全國人民代表大會以法律規定。」這一條文載明可設立「特別行政區」，區內實行的制度可另外規定。「一國兩制」的實施有了憲法保證。

鄧小平會見美籍華人學者，闡述了和平統一、一國兩制的具體構想。

1983年6月26日，鄧小平同志在會見美籍華人學者楊力宇時，進一步闡述了實現兩岸和平統一的設想。其六點意見是：

（1）臺灣問題的核心是祖國統一。

（2）堅持一個中國，制度可以不同，但在國際上代表中國的，只能是中華人民共和國。

（3）不贊成「完全自治」的提法，「完全自治」就是「兩個中國」。自治應有一定的限度，條件是不能損害統一的國家的利益。

（4）統一後，臺灣作為特別行政區，可以實行與大陸不同的制度，可以有其他省、市、自治區所沒有

而為自己所獨有的某些權力。司法獨立，終審權不須到北京。臺灣還可以有自己的軍隊，只是不能構成對大陸的威脅。大陸不派人去臺，不僅軍隊不去，行政人員也不去。臺灣的黨政軍等系統，都由臺灣自己來管。中央政府還要給臺灣留出名額。

（5）和平統一不是大陸把臺灣吃掉，也不是臺灣把大陸吃掉，所謂「三民主義統一中國」是不現實的。

（6）實現統一的適當方式是舉行國共兩黨平等會談，雙方達成協議以後，可以正式宣布，但不允許外國勢力插手，那樣只能意味著中國還未獨立，後患無窮。

鄧小平創造性地「一國兩制」構想，為確立「和平統一、一國兩制」的方針作出了歷史性貢獻。在1980年代至1990年代前期，兩岸冰封解凍，長期隔絕狀態被打破，同胞往來增多，貿易往來增加，兩岸協商開啟並獲得階段性成果。

1995年1月30日，中共中央總書記、國家主席江澤民發表了《為促進祖國統一大業的完成而繼續奮鬥》的重要講話，提出發展兩岸關係、推進和平統一進程的八項主張。主要內容是：

1993年4月29日，時任海協會會長汪道涵與時任海基會董事長辜振甫簽署《辜汪會談共同協定》等四項協定，標識兩岸關係邁出歷史性的重要一步。

　　（1）堅持一個中國原則是實現和平統一的基礎和前提。堅決反對一切形式的「台獨」分裂行徑。

　　（2）對於臺灣同外國發展民間性經濟、文化關係不持異議，但反對臺灣以搞「兩個中國」、「一中一台」為目的的所謂「擴大國際生存空間」的活動。

　　（3）進行海峽兩岸和平統一談判。談判過程中可以吸收兩岸各黨派、團體有代表性的人士參加。在一個中國的前提下，什麼問題都可以談。兩岸和平統一談判可以分步驟進行，第一步可以先就「在一個中國的原則下，正式結束兩岸敵對狀態」進行談判並簽署

協議。

（4）努力實現和平統一，但不承諾放棄使用武力。

（5）面向21世紀世界經濟的發展，要大力發展兩岸經濟交流與合作，加速實現兩岸直接「三通」，以利於兩岸經濟共同繁榮，造福整個中華民族。

（6）兩岸同胞要共同繼承和發揚中華文化的優秀傳統。

（7）充分尊重臺灣同胞的生活方式和當家做主的願望，保護臺灣同胞的一切正當權益。歡迎臺灣各黨派、各界人士，同我們交換有關兩岸關係與和平統一的意見，也歡迎他們前來參觀、訪問。

（8）歡迎臺灣當局領導人以適當身分前來訪問，我們也願意接受臺灣方面的邀請前往臺灣。

1990年代中期以後，臺灣當局在李登輝、陳水扁主導下，逐步走上分裂道路，大搞「台獨」分裂活動，加緊製造「兩個中國」、「一中一台」和謀求「臺灣法理獨立」的活動。「台獨」勢力及其分裂活動，成為兩岸關係發展的最大障礙，成為台海地區和平穩定的最大威脅。為遏制「台獨」分裂活動，維護台海和平穩定，海內外中華兒女共同展開反「台獨」鬥爭。2004年12月，全國人大常委會啟動了反分裂國家法的立法程序。2005年3月14日，第十屆全國人民

代表大會第三次會議，以2,896票贊成、2票棄權的表決結果通過了《反分裂國家法》，把關於解決臺灣問題的大政方針法律化，表達了堅持和平統一的一貫立場和最大誠意，同時表明了全中國人民堅決反對「台獨」、捍衛國家主權和領土完整的共同意志和堅定決心。

2002年5月19日，臺灣中國統一聯盟等在臺北街頭舉行「反『台獨』、救臺灣」大遊行。

這部法律明確規定，以和平方式實現國家統一，最符合兩岸同胞的根本利益。國家以最大的誠意，盡最大的努力，實現和平統一。鼓勵和推動兩岸人員往來和經濟文化交流，促進兩岸直接「三通」，保護臺灣同胞的正當權益；積極推動兩岸平等協商談判等。

這部法律還規定：「『台獨』分裂勢力以任何名義、任何方式造成臺灣從中國分裂出去的事實，或者發生將會導致臺灣從中國分裂出去的重大事變，或者和平統一的可能性完全喪失，國家得採取非和平方式及其他必要措施，捍衛國家主權和領土完整。」這些規定體現了大陸方面在一個中國原則基礎上提出兩岸關係和平發展的誠意，和盡最大努力維護台海和平穩定的善意。

2005年3月14日，十屆全國人大三次會議審議通過《反分裂國家法》。

《反分裂國家法》的制定實施，對推動兩岸關係發展，促進和平統一，反對和遏制「台獨」分裂勢力及其分裂活動，維護臺灣海峽地區和平穩定，維護國家主權和領土完整，維護中華民族的根本利益，具有重大的現實作用和深遠的歷史影響。

2005年4、5月間，中共中央和中共中央總書記胡錦濤先後邀請連戰、宋楚瑜相繼來大陸進行歷史性訪問和會談，實現了中國共產黨與中國國民黨、親民黨關係的歷史性突破，對引導兩岸關係朝著和平穩定的方向發展，產生了廣泛的、重大的積極影響。2005年4月29日，國共兩黨領導人共同發布「兩岸和平發展共同願景」，確立了國共兩黨反對「台獨」、堅持「九二共識」的共同政治基礎，宣示了雙方推動兩岸關係和平發展的決心和誠意。2008年5月以來，堅持「台獨」的民進黨交出在臺灣的執政權，認同「九二共識」的國民黨重新執政，兩岸關係發生歷史性轉折，取得一系列重大成果和突破性進展，展現出和平發展的新局面。

2008年12月31日，中共中央總書記胡錦濤在紀念《告臺灣同胞書》發表30週年座談會上發表題為《攜手推動兩岸關係和平發展同心實現中華民族偉大復興》重要講話，深刻闡述了關於推進兩岸關係和平發展、促進和平統一的重大主張和方針政策，講話首次全面系統地闡述了兩岸關係和平發展的思想，提出爭

取和平統一首先要確保兩岸關係和平發展，推動兩岸關係和平發展，應該把堅持大陸和臺灣同屬一個中國作為政治基礎，把深化交流合作、推進協商談判作為重要途徑，把促進兩岸同胞團結奮鬥作為強大動力。強調繼續反對「台獨」分裂活動是推動兩岸關係和平發展的必要條件，是兩岸同胞的共同責任。講話首次從政治、經濟、文化、社會、涉外事務、軍事安全等方面明確提出推動兩岸關係和平發展的六點意見，包括：（1）恪守一個中國，增進政治互信。（2）推進經濟合作，促進共同發展。（3）弘揚中華文化，加強精神紐帶。（4）加強人員往來，擴大各界交流。（5）維護國家主權，協商涉外事務。（6）結束敵對狀態，達成和平協定。

2008年以來，在兩岸同胞的共同努力下，兩岸雙方在反對「台獨」、堅持「九二共識」基礎上建立政治互信，保持良性互動，海協會與臺灣海基會恢復中斷9年的協商至2012年達成18項協議，兩岸實現全面直接雙向「三通」，簽訂經濟合作框架協議，大陸居民赴臺旅遊，兩岸各界交流合作蓬勃發展，兩岸關係展現出和平發展的新局面，給台海地區帶來了安定祥和，增進了兩岸同胞的福祉，也受到國際社會的普遍歡迎。

2012年11月召開的中共十八大充分肯定了兩岸關係和平發展取得的重大成就，提出了今後一個時期對

臺工作的指導思想和基本要求。十八大報告指出：解決臺灣問題、實現完全統一，是不可阻擋的歷史進程。和平統一最符合包括臺灣同胞在內的中華民族的根本利益。實現和平統一首先要確保兩岸關係和平發展。必須堅持「和平統一、一國兩制」方針，堅持發展兩岸關係、推進和平統一進程的八項主張，全面貫徹兩岸關係和平發展重要思想，鞏固和深化兩岸關係和平發展的政治、經濟、文化、社會基礎，為和平統一創造更充分的條件。要始終堅持一個中國原則。兩岸雙方應恪守反對「台獨」、堅持「九二共識」的共同立場，增進維護一個中國框架的共同認知，在此基礎上求同存異。要持續推進兩岸交流合作。深化經濟合作，厚植共同利益；擴大文化交流，增強民族認同；密切人民往來，融洽同胞感情；促進平等協商，加強制度建設。希望雙方共同努力，探討國家尚未統一特殊情況下的兩岸政治關係，作出合情合理安排；商談建立兩岸軍事安全互信機制，穩定台海局勢；協商達成兩岸和平協議，開創兩岸關係和平發展新前景。要努力促進兩岸同胞團結奮鬥。堅決反對「台獨」分裂圖謀等。中共十八大報告體現了對臺工作大政方針一以貫之的繼承性、與時俱進的創新性、開拓進取的前瞻性。展望未來，兩岸同胞攜手努力，不斷開創兩岸關係和平發展新局面，就一定能在同心實現中華民族偉大復興進程中完成統一大業。

二、兩岸關係發展

1.兩會商談並簽署協議

　　1992年11月，海協會和臺灣海基會經過商談和函電往來，達成各自以口頭方式表述「海峽兩岸均堅持一個中國原則」的共識，後被稱為「九二共識」，構成兩會商談的基礎。

　　2008年兩岸關係改善後，兩會恢復了商談，到2012年12月共簽署18項協議、達成多項共識。其內容包括：（1）海峽兩岸包機會談紀要；（2）海峽兩岸關於大陸居民赴臺灣旅遊協議；（3）海峽兩岸空運協議；（4）海峽兩岸海運協議；（5）海峽兩岸郵政協議；（6）海峽兩岸食品安全協議；（7）海峽兩岸金融合作協定；（8）海峽兩岸空運補充協議；（9）海峽兩岸共同打擊犯罪及司法互助協議；（10）海峽兩岸漁船船員勞務合作協議；（11）海峽兩岸農產品檢疫檢驗合作協議；（12）海峽兩岸標準計量檢驗認證合作協議；（13）海峽兩岸經濟合作框架協議；（14）海峽兩岸智慧財產權保護合作協議；（15）海峽兩岸醫藥衛生合作協議；（16）海峽兩岸核電安全合作協議；（17）海峽兩岸投資保護和促進協議；（18）海峽兩岸海關合作協議。兩項重要共識為：推動陸資赴臺投資；推動協商建立兩岸經濟合作機制。

2008年11月4日,時任海協會會長陳雲林和時任海基會董事長江丙坤在臺北簽署《海峽兩岸空運協議》、《海峽兩岸郵政協議》、《海峽兩岸海運協議》、《海峽兩岸食品安全協議》。

兩岸協議的簽署實施,對促進兩岸關係和平發展和增進人民福祉意義重大而深遠。大陸方面將根據兩岸同胞的福祉利益和兩岸交流合作的需要,積極促進兩岸商簽各領域交流合作協議。

2.兩岸經貿合作

自1979年全國人大常委會發表《告臺灣同胞書》以來,大陸方面積極推動兩岸經濟交流合作。1988年,國務院頒布《關於鼓勵臺灣同胞投資的規定》,保證了臺灣同胞在大陸投資的政策環境。1994年全國人大常委會審議通過《中華人民共和國臺灣同胞投資

保護法》，將保護臺商投資納入法制化軌道。相關主管部門制定了《關於與臺灣「間接通話、間接通郵」問題的通知》、《臺灣海峽兩岸間航運管理辦法》、《對臺灣地區貿易管理辦法》等一系列促進兩岸「三通」的政策法規，不斷推動兩岸「三通」。20多個省、市、自治區專門制定了鼓勵、保護臺商投資的地方性法規，促進了兩岸經濟關係的發展。大陸設立若干臺商投資區、海峽兩岸農業合作示範區和臺灣農民創業園，各地方和政府部門為臺商和臺農提供全方位的服務，臺資企業得以發展壯大，同時也促進了大陸的經濟和社會發展。

　　2008年5月，臺灣局勢發生重大積極變化後，兩岸經濟關係不斷深化，兩岸實現了全面直接通郵通話、直接貿易和雙向投資；兩岸船舶和飛機實現了雙向客、貨運直航，節省了運輸成本，方便了兩岸人員往來，促進了兩岸經貿發展。截至2012年12月底，大陸累計批准臺商投資項目88,001個，實際使用臺資金額570.5億美元，臺資在大陸累計吸收境外投資中占4.5%。2012年兩岸貿易額達1,689.6億美元，比上年增長5.6%，臺灣貿易順差954億美元，大陸已成為臺灣第一大出口市場。同年大陸共批准臺商投資項目2,229個，同比下降15.5%，實際利用臺資金額28.5億美元，同比上升30.4%。2009年6月，臺灣開放大陸企業赴臺投資，截至2012年底，大陸企業赴臺投資額累計投資項目143個，投資總額9.11億美元。兩岸經濟界

的交流合作空前廣泛，兩岸眾多企業之間、經貿團體、社團之間建立了廣泛的交流與合作。根據《海峽兩岸經濟合作框架協議》（ECFA）早收計劃，自2011年元旦起大陸對539項原產於臺灣的產品實施降稅，臺灣對267項原產於大陸的產品實施降稅，雙方在不超過兩年的時間內分三步對早收計劃產品實現零關稅。據大陸海關總署統計，截至2012年底，大陸自臺進口享受ECFA關稅優惠待遇的貨物88,487票，受惠貨值125.5億美元，減免關稅41.7億元人民幣。臺灣自大陸進口享受關稅優惠待遇貨物40,245票，大陸企業享受關稅優惠約23.3億新臺幣。2013年1月1日起，早收清單全部產品實現零關稅，效益更加明顯，臺灣業者的受惠程度更加顯著。服務貿易早收清單方面，大陸已正式實施包括金融、醫療、會計服務、電腦及相關服務等11個部門的開放措施，臺灣方面也向大陸開放了會議、展覽等9項服務。截至2012年底，兩岸定期航班為每週616班，共開通64個航點。兩岸15家航空公司共飛行54,831班次，運載旅客近895萬人次，比2011年增長25%。2012年兩岸民航貨運量超過17萬噸，比上年增長9.31%；兩岸海運貨運量6,250萬噸，188萬標準集裝箱，海上客運174萬人次。兩岸鋪設了直達海底光纜，提高了通信品質，節省了經營成本。兩岸民眾特別是臺灣同胞從兩岸更加緊密的經貿關係和直接「三通」中獲得了實實在在的利益。

　　ECFA實施開啟了兩岸經濟一體化進程，使兩岸經

濟關係向制度化、正常化方向推進，兩岸經濟合作委員會有效運作。隨著兩岸經貿交流的深化，兩岸貿易和投資出現新特點。兩岸產業合作邁向制度化、機制化的新階段。兩岸共同推動有規劃指導、有政策支持、有產學研共同參與的新型產業合作，建立合作機制，選取無線網路城市、LED照明、冷鏈物流等作為試辦項目，探索兩岸產業合作新模式。兩岸金融合作取得突破，兩岸銀行互設機構，建立了兩岸貨幣清算機制，實現兩岸貨幣兌換和結算，銀行和保險公司相互參股，證券機構在對方展開業務，大陸銀聯卡在臺灣廣泛使用，越來越多的臺資企業在兩岸上市。

2009年5月17日，首屆海峽論壇大會在廈門舉行。

不少省市頒布政策措施，積極幫助臺資企業克服生產經營遇到的困難，輔導臺資企業轉型升級。各地各部門加強臺胞權益保障工作，解決了一批多年積累的複雜案件。臺資企業已經融入大陸整體經濟，同命運，同發展。

3.兩岸各領域交流

兩岸關係改善之後，形成大交流的局面。截至2012年底，臺灣同胞來大陸累計7,163萬人次，實際來過大陸的臺灣同胞超過850萬人；大陸居民赴臺累計898萬人次。2012年臺灣居民往來大陸534萬人次，大陸居民赴臺263萬人次，其中赴臺觀光人數達197萬人次。兩岸同胞交往從最初的探親，發展到旅遊、交流、考察、投資、求學、就業、就醫、培訓、訪問、合作研究等。兩岸交流的領域從經濟、文化逐漸擴大到科技、教育、衛生、體育、出版、新聞、影視，乃至民族、宗教、工會、婦女、青年、民間信仰等社會生活的方方面面。在福建舉辦的海峽論壇每年吸引一萬多名臺灣基層民眾參與。各地各部門舉辦一系列影響大、水準高的兩岸交流活動。兩岸各界別交往的範圍擴大、層次提高，為增進兩岸同胞瞭解和感情，增進臺灣同胞對大陸的認識，推動兩岸關係和平發展發揮了重要作用。

2011年5月11日,《富春山居圖》(剩山圖)赴臺合璧展覽點交啟運儀式在浙江杭州舉行。

兩岸政黨交流在推動兩岸關係發展發揮著先導和基礎作用。自2005年大陸方面先後邀請臺灣國民黨、親民黨和新黨領導人來大陸訪問,推動兩岸政黨交流邁入新的階段。從2006年開始國共兩黨有關方面每年共同舉辦兩岸經貿文化論壇,彙集兩岸民意,凝聚雙方共識,達成130餘項「共同建議」,提出具有前瞻性的政策建言,引領兩岸關係發展方向。大陸方面還在論壇上推出80餘項促進兩岸交流合作、惠及臺灣同胞的政策措施,涵蓋經濟、文教、金融、旅遊、農漁、臺胞入出境管理及權益保障等方面,獲得臺灣民眾的好評。自2005年8月以來,中共20多個城市黨委與國民黨臺灣各縣市黨部展開基層政黨交流。中共與親民

黨有關方面共同舉辦了兩岸民間菁英論壇、兩岸農漁水利合作交流會等。

4.對臺惠民政策措施

為推動兩岸關係和平發展，本著為臺灣同胞多辦好事、多辦實事的精神，自2005年起大陸方面頒布了一系列對臺惠民政策措施，體現了維護廣大臺灣同胞利益的善意和誠意。

（1）關於農業方面。大陸對臺灣水果准入品種逐步擴大到23種，對其中15種水果、高麗菜等11種蔬菜和鯛魚等8種水產品實行零關稅。開放進口臺灣生產的大米，啟動臺灣方面提出的其他食品、農產品輸往大陸的相關准入程序。對臺農產品進口採取便利的檢驗檢疫和通關措施，並開放臺灣農產品運輸「綠色通道」，和開闢銷售管道。組織臺灣農產品採購團赴臺採購，解決臺灣農民水果、蔬菜、水產品滯銷難題。規範臺灣水果的市場經營行為，保護臺灣水果品牌和形象。優先安排臺灣產獸藥產品在大陸審批和註冊。

大陸對臺灣15種水果進口實行零關稅，圖為臺灣水果運抵廈門市場。

　　鼓勵和支援兩岸農業界展開農牧產品、水產品等深加工。對臺灣漁船自捕水產品進口，增加允許輸往廣東汕頭。縮短臺商自島內引進種子種苗及其栽培介質檢疫許可的審批週期。在大陸的臺資農業企業自島內進口自用的與農林業生產密切相關的種源品種，經審批後可零關稅進口。涉及野生動植物及其產品貿易可實行最為簡便的辦理手續。涉及人工培養來源的部分植物種標本貿易可減少審批環節。對臺灣農漁產品進口商提出的「網上支付」申請，將優先受理、審批並安排相關設備。設立11個兩岸農業合作試驗區，和29個臺灣農民創業園，歡迎臺灣農民合作經濟組織、臺資農業企業和農民參與大陸海峽兩岸農業合作試驗

和臺灣農民創業園的建設與發展，來園區從事農業合作項目的臺灣農民可申請設立個體工商戶，簡化園區臺資農業企業相關審批辦理手續。對臺灣農民創業園內的基礎設施建設給予積極財政支持。對兩岸農業合作與技術推廣，大陸有關部門運用農業技術推廣資金給以支持。加強臺資農業企業在大陸投資經營的諮詢服務工作。

2006年，由農業部、國務院臺辦批准設立福建漳浦臺灣農民創業園。

（2）關於臺資企業。大陸扶持中小企業的財稅、信用貸款政策，同樣適用於臺資中小企業。支援臺資企業參與大陸擴大內需的建設工程和項目。工商銀行、中國銀行等銀行為大陸臺資企業包括中小企業安

排數千億人民幣的融資。支援和幫助大陸臺資企業轉型升級。鼓勵和扶持臺資企業自主創新。支援臺資企業參與國家與區域創新體系建設，並享受有關加強、鼓勵和扶持企業自主創新能力的政策。加強兩岸產業合作，兩岸攜手促進面板顯示產業發展。推動大陸企業入島投資，參與臺灣經濟建設項目。為繼續支持臺資企業發展，大陸的工商銀行、中國銀行、建設銀行以及國家開發銀行自2012年起將在未來3到4年內，對臺資企業再提供6,000億人民幣的貸款額度。

（3）關於兩岸直航。鼓勵臺灣相關企業直接投資參與大陸的碼頭、公路建設和經營。臺灣相關航運和道路運輸企業可直接在大陸設立獨資、合資企業。支持兩岸驗船機構在對方設立辦事處。從事福建沿海與金門、馬祖、澎湖海上直接通航的臺灣客運公司，可在福建相關口岸設立辦事機構；對海峽兩岸船公司從事福建沿海與金門、馬祖、澎湖海上直接通航業務在大陸取得的運輸收入，免於徵收營業稅和企業所得稅。對臺灣航運公司從事兩岸海上直航業務取得的運輸收入和所得，免徵營業稅和企業所得稅。為臺灣船員和領港員培訓、發證提供方便，免收考試、發證費。支援、鼓勵兩岸民間專業組織在兩岸海上搜救、打撈方面展開技術交流與合作。推動兩岸海上安全等方面的交流與合作；協商編制兩岸直航船舶共同技術標準。

（4）關於保護臺灣知識財產權。為落實《海峽兩岸知識財產權保護合作協議》，方便臺灣同胞在大陸申請知識產權及要求臺灣地區優先權，國家知識產權局於2010年11月制定《關於臺灣同胞專利申請的若干規定》。國家工商行政管理總局制定了《臺灣地區商標註冊申請人要求優先權有關事項的規定》。農業部和國家林業局於2010年11月22日聯合公布《關於臺灣地區申請人在大陸申請植物新品種權的暫行規定》。臺灣農產品生產商和經銷商在大陸可透過註冊普通商標、證明商標或集體商標、植物新品種權等方式獲得知識產權保護。上述四部門於2010年11月22日同步實施受理臺灣地區居民申請專利、商標品種權優先權工作。

為保護臺灣農業方面的知識產權，國家工商總局公布《關於加大臺灣農產品商標權保護力度促進兩岸農業合作的實施意見》，批准了臺灣優良農產品發展協會提出的「臺灣優良農產品」、「臺灣有機農產品」、「臺灣吉園圃安全蔬果」等三項證明商標申請。

國家版權局同意臺灣著作權保護協會辦理臺灣影音製品銷往大陸的認證，從而大幅提高認證時效。

（5）關於招收臺灣學生。正式認可臺灣教育主管部門核准的臺灣高等學校學歷。頒布臺灣學生免試入學政策，規定大學入學考試學測成績達到前標級的臺

陸續開放兩岸直航包機地點。臺灣民航飛機在飛行中如遇緊急情況,可在大陸對外開放的機場降落。臺灣飛行兩岸包機的航空公司,可在大陸包機地點設立辦事機構或代表處。鼓勵、支持和拓展兩岸民航業界的合作範圍和合作模式,包括允許合資組建航空公司、合資修建機場、合作生產機上用品、聯合採購航材、建立共用的航材庫等。鼓勵並支援兩岸航空公司在機務維修、貨運倉儲、地面代理、市場開發、商務運作、代碼共用、戰略聯盟、網絡延伸等各個方面建立更加緊密的夥伴關係。民航總局5所局屬院校將與臺灣有關方面積極展開各種形式的校際、建教合作,聯合培養民航適用人才。

2008年12月15日,海峽兩岸海上直航福州港首航儀式在福州馬尾港舉行。

學政策，規定大學入學考試學測成績達到前標級的臺灣高中畢業生，可直接向大陸215所大專院校和科研院所申請就讀，經面試合格後即可錄取；其中在東莞、華東、昆山三所臺商子女學校就讀的臺灣學生學測成績只要達到均標級即可申請入學，對在大專院校就讀的臺灣學生按學生標準同等收費。設立臺灣大學生獎學金。

（6）關於涉臺醫療。採取有效措施，展開適合臺灣同胞就醫習慣和特點的服務。為臺灣同胞在大陸就醫後回臺灣報銷醫療費用提供便利。歡迎和鼓勵臺灣醫療機構與大陸合資合作興辦醫院，臺灣投資者最高股權可占70%。臺灣同胞可在大陸申請參加醫師資格考試、註冊、執業或從事臨床研究等活動。

（7）關於方便臺灣同胞入出境。自2008年9月25日起，實行臺胞證號碼「一人一號，終身不變」，以方便臺灣居民持證在大陸辦理相關手續。根據需要，為臺灣居民辦理2年多次有效來往大陸簽註，簽發1至5年居留簽註。為在大陸丟失證件或證件過期的臺灣居民補發、換發5年有效《臺灣居民往來大陸通行證》。截至2012年底，已有32個城市設有臺灣居民口岸簽註點。公安機關出入境管理部門還為臺灣居民免費提供原臺胞證號碼的加註服務。

（8）關於臺灣居民在大陸就業。在大陸畢業的臺灣學生，在依法辦理工作證後，可以與大陸畢業生一樣在大陸就業。大陸企業可按照就業管理的相關規定，自主招用臺生及其他臺灣居民就業。臺生及其他臺灣居民可與大陸居民同等條件到大陸企業就業。對臺生及其他臺灣居民到大陸事業單位就業擴大試辦，將在福建、江蘇已有試辦基礎上，再新增天津、上海、浙江、湖北4省市作為試辦地區。在大陸畢業的臺生，透過公開招聘可以到試辦地區的事業單位就業；取得大陸認可學歷的臺灣居民可到試辦地區的高等學校、公共文化服務機構、醫療衛生機構等事業單位工作。大陸公共就業服務機構將加強對臺生及其他臺灣居民的就業服務，免費提供就業政策諮詢、職業介紹和職業指導服務，透過多種措施為臺生及其他臺灣居民在大陸就業提供便利。

臺灣居民可以在大陸大專院校申請教師資格證。在大陸大專院校工作的臺灣居民，凡辦理了居住證明的，根據自願原則，可申請認定大陸大專院校相應種類的教師資格，條件和程序與大陸申請人相同。

允許臺灣航空機務維修人員和機務維修專業的學生報考大陸機務維修執照，並鼓勵其來大陸工作。開放臺灣同胞參加報關員考試，合格者可申請報關員資格證書。向臺灣居民再開放15類（項）專業技術資格考試，包括：經濟、會計、衛生、電腦、技術與軟體、質量管理、翻譯、拍賣師、執業藥師、棉花質量

檢驗師、註冊資產評估師（含珠寶評估專業）、房地產估價師、房地產經紀人、造價工程師、註冊資詢工程師（投資）和註冊稅務師。新增11項專業技術資格考試，包括：統計、審計、價格鑒證師、社會工作者、國際商務、土地登記代理人、環境影響評價工程師、企業法律顧問、註冊安全工程師、勘察設計領域的註冊結構工程師和註冊土木工程師。允許符合條件的臺灣居民在大陸從事律師職業，許可臺灣地區律師事務所在福州、廈門兩地試辦設立分支機搆，從事涉臺民事法律諮詢服務。

2011年6月2日，兩岸龍舟邀請賽在海峽兩岸交流基地山東台兒莊舉行。

（9）關於促進兩岸文化教育交流。鼓勵臺灣業者在大陸設立合資、合作、獨資經營的演出場所經營單位，支援臺灣演藝經理公司在大陸設立分支機構。允許臺灣有線電視網路服務公司，在福建省提供有線電視設備和相關技術諮詢服務。支持兩岸業者以版權貿易形式合作出版科學技術類期刊。鼓勵、支持兩岸大專院校透過校際交流合作，實施互換學生計劃，並相互承認學分。

（10）關於大陸居民赴臺旅遊。2005年大陸有關方面開放大陸居民赴臺灣旅遊，2010年開放大陸居民赴臺自由行。考慮到旅遊事業的發展，將增加赴臺旅遊的大陸組團社並擴大自由行範圍。截至2012年底，赴臺自由行試辦城市已擴至13個，包括北京、上海、廈門、深圳、天津、重慶、廣州、濟南、西安、福州、南京、杭州、成都。赴金、馬、澎地區自由行的地級城市由福建等9個城市，擴大到海西地區的20個城市，包括浙江的溫州、麗水、衢州，江西的上饒、鷹潭、撫州、贛州，以及廣東的梅州、潮州、汕頭、揭陽等11個城市。截至2012年底，大陸居民赴臺旅遊人數超過500萬人次，給臺灣帶來80億美元的觀光收益。

大陸遊客遊覽日月潭並攝影留念

　　兩岸關係走過了曲折發展的道路，現已邁入和平發展的軌道。兩岸雙方在反對「台獨」、堅持「九二共識」的共同基礎上，建立政治互信，保持良性互動，推動兩岸關係實現了歷史性轉折，開創了兩岸關係和平發展新局面。兩岸關係和平發展，有利於台海地區保持安定祥和，有利於兩岸同胞增進利益福祉，有利於中華民族走向偉大復興。讓我們攜起手來，為兩岸人民謀福祉，建設好我們共同的家園而努力！

　　備註：

　　有關文字和資料摘引自《黨的十八大報告》、《中國共產黨章程》、2013年溫家寶總理的《政府工作報告》、《2012年國民經濟和社會發展統計公

報》、《關於2012年國民經濟和社會發展計劃執行情況》、《中國臺灣問題（幹部讀本）》、《大陸惠臺政策彙編》、《臺灣事務政策法律全書》、《中華人民共和國政治制度》、《中國政治體制改革研究》、《中國模式：解讀人民共和國的60年》、《胡錦濤總書記在中國共產黨成立90週年紀念大會上的講話》、《中國經濟週刊》2011年第48期、《海峽兩岸經濟合作框架協議》、《中國國情數字》、《中國事實與數字》、《中國2008》、《臺灣知識百科》等。

國家圖書館出版品預行編目(CIP)資料

認知大陸 / 項東 編著. -- 第一版.
-- 臺北市：崧燁文化, 2018.12
　面；　公分

ISBN 978-957-681-643-7(平裝)

1.中國大陸研究

574.1　107018218

書　名：認知大陸
作　者：項東 編著
發行人：黃振庭
出版者：崧燁文化事業有限公司
發行者：崧燁文化事業有限公司
E-mail：sonbookservice@gmail.com
粉絲頁　　　　　　網　址：
地　址：台北市中正區重慶南路一段六十一號八樓815室
8F.-815, No.61, Sec. 1, Chongqing S. Rd., Zhongzheng Dist., Taipei City 100, Taiwan (R.O.C.)
電　話：(02)2370-3310　傳　真：(02) 2370-3210
總經銷：紅螞蟻圖書有限公司
地　址：台北市內湖區舊宗路二段121巷19號
電　話：02-2795-3656　傳真：02-2795-4100　網址：
印　刷：京峯彩色印刷有限公司（京峰數位）

　　本書版權為九州出版社所有授權崧博出版事業股份有限公司獨家發行電子書繁體字版。若有其他相關權利及授權需求請與本公司聯繫。

定價：200 元

發行日期：2018 年 12 月第一版

◎ 本書以POD印製發行